BEI GRIN MACHT SIC
WISSEN BEZAHLT

C000170673

- Wir veröffentlichen Ihre Hausarbeit,
  Bachelor- und Masterarbeit

- Ihr eigenes eBook und Buch -
  weltweit in allen wichtigen Shops

- Verdienen Sie an jedem Verkauf

Jetzt bei www.GRIN.com hochladen
und kostenlos publizieren

Constanze Mey

Uwe Timms „Die Entdeckung der Currywurst". Eine Sachanalyse

GRIN Verlag

Bibliografische Information der Deutschen Nationalbibliothek:

Die Deutsche Bibliothek verzeichnet diese Publikation in der Deutschen National-
bibliografie; detaillierte bibliografische Daten sind im Internet über http://dnb.d-
nb.de/ abrufbar.

Dieses Werk sowie alle darin enthaltenen einzelnen Beiträge und Abbildungen
sind urheberrechtlich geschützt. Jede Verwertung, die nicht ausdrücklich vom
Urheberrechtsschutz zugelassen ist, bedarf der vorherigen Zustimmung des Verla-
ges. Das gilt insbesondere für Vervielfältigungen, Bearbeitungen, Übersetzungen,
Mikroverfilmungen, Auswertungen durch Datenbanken und für die Einspeicherung
und Verarbeitung in elektronische Systeme. Alle Rechte, auch die des auszugsweisen
Nachdrucks, der fotomechanischen Wiedergabe (einschließlich Mikrokopie) sowie
der Auswertung durch Datenbanken oder ähnliche Einrichtungen, vorbehalten.

Impressum:

Copyright © 2005 GRIN Verlag GmbH
Druck und Bindung: Books on Demand GmbH, Norderstedt Germany
ISBN: 978-3-656-65610-4

Dieses Buch bei GRIN:

http://www.grin.com/de/e-book/273776/uwe-timms-die-entdeckung-der-currywurst-
eine-sachanalyse

GRIN - Your knowledge has value

Der GRIN Verlag publiziert seit 1998 wissenschaftliche Arbeiten von Studenten, Hochschullehrern und anderen Akademikern als eBook und gedrucktes Buch. Die Verlagswebsite www.grin.com ist die ideale Plattform zur Veröffentlichung von Hausarbeiten, Abschlussarbeiten, wissenschaftlichen Aufsätzen, Dissertationen und Fachbüchern.

Besuchen Sie uns im Internet:

http://www.grin.com/

http://www.facebook.com/grincom

http://www.twitter.com/grin_com

Constanze Mey

Uwe Timms „Die Entdeckung der Currywurst"
– Eine Sachanalyse

1. Einleitung

Lehrende, die mit „ihrer" Klasse Uwe Timms „Die Entdeckung der Currywurst" im Deutschunterricht behandeln wollen, stehen sowohl in literaturwissenschaftlicher als auch in -didaktischer Hinsicht relativ allein. Obwohl das Buch bereits vor über 10 Jahren erschienen und neben Timms Kinderbuch „Rennschwein Rudi Rüssel" sein erfolgreichstes ist und für den Literaturunterricht viele lohnende Ansatzpunkte und Aspekte zu bieten hat, gibt es verhältnismäßig wenige wissenschaftliche Publikationen zu diesem Werk. Der Lehrende ist also in besonderem Maße selbst gefordert.

In meiner Arbeit erkunde ich „Die Entdeckung der Currywurst" aus literaturwissenschaftlicher Sicht, wobei ich auch einen kurzen Abriss des historischen Hintergrunds der Erzählung gebe. Diese Arbeit hat nicht den Anspruch, eine vollständige Interpretation des Buches zu leisten. Es kann sich, angesichts der gebotenen Kürze dieser Arbeit, lediglich um ausgewählte Gesichtspunkte und Reflexionen handeln.

2. Sachanalyse

2.1. Inhaltsangabe

Ein namenloser Mann besucht in einem Hamburger Altersheim eine alte Frau namens Lena Brücker, die er für die Erfinderin der Currywurst hält. Er kennt sie seit seiner Kindheit kennt und möchte von ihr erfahren, wie es zu dieser Erfindung gekommen ist. Im Laufe von sieben Nachmittagen erzählt sie ihm einige Episoden aus ihrem Leben, die sich hauptsächlich unmittelbar vor und nach dem Ende des Zweiten Weltkrieges in Hamburg ereigneten, wobei die Liebesgeschichte zwischen ihr und einem desertierten Marinesoldaten namens Hermann Bremer den größten Anteil ihrer Erzählung ausmacht. Die Ungeduld des Besuchers wächst stetig, hat er Frau Brücker doch mit einem sehr konkreten Anliegen aufgesucht. Erst an seinem letzten Tag in Hamburg erfährt er, wie Frau Brücker durch einen Zufall die Currywurst erfunden hat.

2.2. Formale Aspekte

Die Klassifizierung des Textes in die Gattung Epos kann als unumstritten angesehen werden. Schwieriger gestaltet sich die Einordnung des Textes in eine der Unterkategorien. Der Autor Uwe Timm macht zwar im Untertitel eine sehr konkrete Angabe, „Novelle"[1], doch ist diese Zuordnung wiederholt angezweifelt worden, so wie die Novellendefinition an sich ebenfalls erhebliche Schwierigkeiten bereitet.[2] Im Laufe der Jahrhunderte, insbesondere während des 19. Jahrhunderts, wurden viele Versuche unternommen, das Wesen der Novelle zu beschreiben, doch diese sind oft recht unterschiedlich ausgefallen und auch heute gilt die Diskussion über die Novelle und ihre Theorie noch keineswegs als abgeschlossen.[3] Zögen wir beispielsweise das Metzler-Literaturlexikon zu Rate und mäßen Timms Text an vermeintlichen Novellen-Kriterien, die keine allgemein anerkannten Kriterien sind, dann brächte uns dies sowohl in sachlicher als auch in didaktischer Hinsicht nicht wesentlich weiter. Hier erscheint mir Polheims Ansatz schlüssig, dass „ein fest bestimmter Novellenbegriff weder auf

---

[1] Timm: Die Entdeckung der Currywurst. S. 3.

[2] Vgl. Schede: Interpretationshilfe. S. 82ff.

[3] Vgl. Metzler-Literatur-Lexikon. S. 329f.

die historische Wirklichkeit zutraf, da sich die Novelle immerfort gewandelt hatte, noch auch einen Zugang zum einzelnen Kunstwerk vermittelte. Sollte man sich daher nicht entschließen, den Novellenbegriff aus einer engen Beschränkung auch theoretisch zu befreien, nachdem er praktisch seine Fesseln ohnehin gesprengt hatte? Der Novellenbegriff wäre dann nur als durchaus veränderlich und wandelbar aufzufassen. Neben ihm könnte frei der Begriff der Erzählung stehen, so dass man sich in Zukunft nicht mehr zu scheuen brauchte, von der deutschen Erzählung zu sprechen."[4] Timms Zuordnung scheint mir allerdings in anderer Hinsicht interessant zu sein. Timm ist Germanist und sich der Diskussion um die Novellentheorie durchaus bewusst. In einem Werkstattgespräch mit Durzak berichtete er aus seiner Studienzeit „eigentlich konnte niemand so recht sagen, was denn eine ‚Novelle' sei. Kurz soll sie sein, eine, wie Goethe gesagt hat, unerhörte Begebenheit, Motive soll sie haben, Dingsymbolik, einen Falken und was weiß ich. [...] Mich interessierte zunächst einmal das, was die Gattungsbezeichnung ursprünglich meinte, Novelle im Sinn von einer kleinen Neuigkeit. [...] Mit diesen Formen habe ich gespielt. [...] Na ja, und die Dingsymbolik gibt es auch [...] und auch den Falken, das Essen spielt in Novellen ja eine wichtige Rolle [...]."[5] Timm spielt demzufolge (teilweise in parodistischer Weise) mit dem umstrittenen Gattungsbegriff der Novelle. So äußerte Timm bei einer Lesung im Deutschen Literaturarchiv in Marbach 1999, Frau Brücker wolle einen Roman erzählen, der Erzähler hingegen wolle nur eine Information und verknappe ihr überbordendes Erzählen.[6] Im Werkstattgespräch mit Durzak wird dieser Konflikt zwischen den beiden Erzählweisen der Hauptfiguren sogar noch deutlicher, wenn Timm meint, der Erzähler wolle „nur eine kleine Neuigkeit wissen"[7], Frau Brücker hingegen wolle „Tausendundeine Nacht"[8], wobei die Anspielung auf „Tausendundeine Nacht" auch in intertextueller Hinsicht ertragreich sein könnte. Auf diesen Aspekt werde ich in Kapitel 2.3. näher eingehen. Aus den gegenläufigen Interessen der alten Frau Brücker und ihres Besuchers erwächst laut Schede eine gewisse Komik, die sich durch die gesamte Erzählung zieht. Frau Brücker setze sich letztlich mit ihren Erzählwünschen

---

[4] Polheim zit. n. Marquardt: Erzählung, Novelle und Kurzgeschichte im Unterricht. S. 582.

[5] Durzak: Werkstattgespräch mit Timm. S. 347f.

[6] Vgl. Schede: Interpretationshilfe. S. 85.

[7] Durzak: Werkstattgespräch mit Timm. S. 348.

[8] Durzak: Werkstattgespräch mit Timm. S. 348.

gegenüber ihrem Besucher durch. Ihr Zuhörer akzeptiere dies, indem er in seiner Wiedergabe ihrer Erzählungen, die Geschichte ihrer Liebe zu Bremer seinem eigentlichen Erkenntnisinteresse, der Entdeckung der Currywurst, voranstelle. [9] Er behält ihre Sicht auf das Erlebte, ihre Gewichtung und ihre Reihenfolge bei. Der Titel hingegen trägt dem Erkenntnisinteresse des Erzählers Rechnung und wirkt nicht zuletzt deswegen irreführend auf den Leser. Der Erzähler bleibt nach Hagestedts Argumentation Initiator und ranghöchster Sprecher, denn er sucht Frau Brücker auf, verleitet sie zu ihrem produktiven Sprechakt und reorganisiert diesen nachträglich, indem er eine „Novelle" über das Gespräch verfasst und sich die Geschichte mit Formulierungen wie „Ich lasse die Geschichte am 29. April 1945, an einem Sonntag beginnen." aneignet.[10] Auch Goethes Definition einer Novelle wird von Timm ironisiert und zwar in dem Sinne, dass Frau Brückers Geschichte vor dem Gespräch mit dem Besucher noch nie gehört worden ist.[11]

In „Die Entdeckung der Currywurst" gibt es zwei Ich-Erzähler: den namenlosen Besucher und Frau Brücker, wobei Frau Brückers Äußerungen letzten Endes immer nur Zitate des Besuchers sein können, bei denen es allerdings scheint, als überließe der Besucher ihr direkt das Wort, da er sie in ihrem Originalton, mit Dialekt und ihrer charakteristischen Ausdrucksweise ohne Anführungszeichen wiedergibt und ihr sogar bei seiner Wiedergabe der Treffen die Richtung des „Gesprächs" häufig überlässt.[12] [13] Spätestens jetzt hätte er die Gelegenheit, das Gespräch in seinem Sinn zu lenken und zu straffen, doch er nutzt sie nicht, womit beim Leser die Fiktion verstärkt wird, er wohne dem Gespräch der Beiden bei und die Geschichte sei tatsächlich passiert.

Neben den beiden Ich-Erzählern gibt es, wie Schede meiner Ansicht nach richtig erkannt, noch einen auktorialen Erzähler, der möglicherweise auch als Funktion des namenlosen Ich-Erzählers angesehen werden kann. Diese auktoriale Erzählfunktion scheint der Ich-Erzähler nicht immer, sondern nur in einigen Situationen zu besitzen.[14] Wenn er diese Funktion besitzt, kann er u.a. das gesamte Geschehen überblicken, sich in das Innere einzelner Figuren hineinversetzen und

---

[9] Vgl. Schede: Interpretationshilfe. S. 1f.

[10] Vgl. Hagestedt: Von essenden Sängern und singenden Ochsen. S. 9f.

[11] Vgl. Durzak: Werkstattgespräch mit Timm. S. 348.

[12] Vgl. Hagestedt: Von essenden Sängern und singenden Ochsen. S. 10.

[13] Vgl.Schede: Interpretationshilfe. S. 38f.

[14] Vgl. Schede: Interpretationshilfe. S. 39.

ihre Gefühle und Gedanken darstellen. Ein Beispiel dafür wäre der Besuch des Blockwarts Herrn Lammers bei Frau Brücker:

> „Sie zieht eine Zigarette aus der Schachtel, konzentriert sich darauf, dass ihre Hand nicht zittert, nimmt das Feuerzeug, schwer und glatt liegt es ihr in der Hand. [...] Natürlich merkte er, dass sie ihn aus der Reserve locken wollte, wie sie ihm Namen nannte, Normandie, Ruhrkessel, verlorene Schlachten, aber eben diese Haltung war es ja, die zu den verlorenen Schlachten führte, diese Haltung: Kamerad schieß du, ich hol Verpflegung, all diese kritischen, zweifelnden Reden. [...]."[15]

Ein weiteres Beispiel wäre die Situation, als Bremer „Besuch" von Lammers erhält:

> „Hatte er nichts vergessen? Lag da nicht womöglich noch eine Socke von ihm? Oder das Koppel? Nein, das hatte er in der Kammer. Er blickte durch das Schlüsselloch der Kammertür und sah den orthopädischen Stiefel, sah Lammers im grauen Wehrmachtsmantel, sah ihn vorsichtig in die Küche humpeln. Bremer hörte ein Kratzen, ein Schaben."[16]

Zwischen diesen beiden Ich-Erzählern, von denen einer zeitweilig auktorial erzählt, wird häufig und teilweise unauffällig gewechselt.

Die Handlung der Erzählung findet hauptsächlich auf zwei Zeitebenen statt, die gleichzeitig die Binnen- und die Rahmenhandlung darstellen. Zur Rahmenhandlung, die in der nahen Vergangenheit angesiedelt ist, gehören die Bemühungen des Besuchers zu erfahren, wie Frau Brücker die Currywurst erfunden hat, konkreter u.a. die Einleitung, die Besuche des männlichen Erzählers bei Frau Brücker, die Recherchen des Erzählers und der Schluss. Zur Binnenhandlung, die gegen und nach Ende des Zweiten Weltkrieges stattfindet, gehören die Liebesgeschichte mit Bremer und einige andere Episoden wie die „Entdeckung" der Currywurst. Binnen- und Rahmenhandlung wechseln fast unmerklich. So sind mehrere Erzählstränge – nicht zuletzt durch ein noch zu thematisierendes Dingsymbol – miteinander verknüpft.[17]

Wie bereits erwähnt, scheint Timm mit Hilfe verschiedener Tricks versucht zu haben, die Glaubwürdigkeit der Erzählung zu erhöhen, indem er den männlichen Erzähler und sich selbst mittels einiger autobiografischer Anleihen parallelisiert hat. Glücklicherweise ist 2003 sein neuestes autobiografisches Buch „Am Beispiel meines Bruders" erschienen, dass es uns ermöglicht, Rückschlüsse von

---

[15] Vgl. Timm: Die Entdeckung der Currywurst. S. 62f.

[16] Vgl. Timm: Die Entdeckung der Currywurst. S. 77.

[17] Vgl. Schede: Interpretationshilfe. S. 35ff.

Details der Erzählung auf Timms Biografie zu ziehen. Er selbst gibt gerne zu, dass die Erinnerungen seiner Kindheit bei seinem literarischen Schaffen wie „Treibsatz"[18] wirken, dass es für Frau Brücker ein reales Vorbild einer Frau gibt, die einen Soldaten vor Kriegsende versteckt und später eine Imbissbude eröffnet hat[19]. Er bezeichnet die Arbeit an „Die Entdeckung der Currywurst" als „Reise in [...] [s]eine Erinnerung"[20].

Der männliche Erzähler ähnelt dem Autor Uwe Timm in vielen Zügen. Beide wurden in Hamburg geboren und sind dort aufgewachsen. Beide hatten einen Vater, der eine Zeit lang in englischer Kriegsgefangenschaft war und hinterher selbstständiger Kürschner wurde. Beide leben mittlerweile in München, sind verheiratet, haben Kinder und sind Schriftsteller. Insbesondere die Passagen, in denen es um den Vater des Erzählers geht, passen auffallend gut zu den Ausführungen Timms in „Am Beispiel meines Bruders".[21] Hier heißt es, Timms Vater habe in den Trümmern eine Pelznähmaschine gefunden und sei daraufhin Kürschner geworden.[22] In „Die Entdeckung der Currywurst" berichtet der Erzähler, sein Vater habe in den Trümmern eines Hauses eine Pelznähmaschine gefunden und sei daraufhin Kürschner geworden.[23] Doch scheint Timms Vater Schede zufolge zweimal in dem Buch vorzukommen: 1. im positiven Porträt als Vater des Erzählers; 2. im negativen Porträt als Ehemann Frau Brückers Willi Brücker. Habe Timm seinen Vater in „Am Beispiel meines Bruders" als „Habenichts mit guten Manieren"[24], der als „Hochstapler [...] gut einen Preußenprinzen"[25] hätte spielen können, charakterisiert, sei er ihm in lässig eleganter Haltung in Erinnerung, „wie man es heute nur noch von alten Filmplakaten kennt"[26], so bestehen nach Schede relativ offensichtliche Parallelen zu Willi Brücker.[27] Dieser sieht dem alten Filmstar Gary Cooper angeblich so

---

[18] http://www.br-online.de/alpha/forum/vor0007/20000707_i.shtml. S.8.

[19] Vgl. Schede: Interpretationshilfe. S. 13f.

[20] http://www.br-online.de/alpha/forum/vor0007/20000707_i.shtml. S. 15.

[21] Vgl. Schede: Interpretationshilfe. S. 3ff.

[22] Vgl. Timm: Am Beispiel meines Bruders. S. 72.

[23] Vgl. Timm: Die Entdeckung der Currywurst. S. 173.

[24] Timm: Am Beispiel meines Bruders. S. 45.

[25] Timm: Am Beispiel meines Bruders. S. 45.

[26] Timm: Am Beispiel meines Bruders. S. 45.

[27] Vgl. Schede: Interpretationshilfe. S. 6.

ähnlich, dass er von Frau Brücker ausschließlich so genannt wird. Die Nachbarn nannten ihn aufgrund seiner Vorliebe für edle Anzüge „*Lord vom Trampgang*"[28]. Diese Vorliebe hat er angeblich ebenfalls mit Timms Vater gemeinsam, so wie auch den seine Wirkung nicht verfehlenden Charme gegenüber Frauen. Sogar ein „Instrument" beherrschen, wie Schede feststellt, beide, dass sie, nicht zuletzt um die Aufmerksamkeit der Leute zu erregen, nutzen.[29] So schreibt Timm über seinen Vater: „Er stand auf, setzte sich ans Klavier, begann zu spielen, improvisierte, das Reden, das Lachen wurde leiser, die Staunenden standen [...] und lauschten."[30] Ganz ähnlich Willi Brücker, wenn er auf seinem Kamm bläst: „*Im Cafe brachen die Gespräche ab, alle starrten zu ihnen hinüber* [...]. "[31]

Eindeutige Parallelen bestehen auch zwischen der Tante Timms und der des Erzählers. Beide wohnten nahe dem Kiez. Sowohl in der Erzählung als auch in der Realität war es den Neffen verboten, ihre Tanten zu besuchen. Doch beide widersetzten sich dem Verbot, besuchten sie heimlich und beziehen aus diesen Kindheitserinnerungen den „Treibsatz" für ihre eigenen (schriftstellerischen) Ambitionen. Der Erzähler sagt über seine Besuche bei der Tante:

> „Das ist meine Erinnerung: Ich sitze in der Küche meiner Tante, in der Brüderstraße, und in dieser dunklen Küche, deren Wände bis zur Lamperie mit einem elfenbeinfarbenen Lack gestrichen sind, sitzt auch Frau Brücker, die im Haus ganz oben, unter dem Dach, wohnt. Sie erzählt von den Schwarzmarkthändlern, Schauerleuten, Seeleuten, den kleinen und großen Ganoven, den Nutten und Zuhältern, die zu ihrem Imbissstand kommen. Was gab es da für Geschichten. Nichts, was es nicht gab."[32]

Timm erzählte in einem Interview von seinen Besuchen bei der Tante: „Sie wohnten sehr bescheiden, und dort in dieser Wohnung trafen sich Nutten, Zuhälter, Schmuggler und in der Zeit vor der Währungsreform auch Schieber. Dort wurden Geschichten erzählt, die für mich sehr aufregend waren. [...] In dieser Küche, in der sich diese Leute getroffen haben, tauchten auch all diese merkwürdigen Typen auf: Deren Geschichten habe ich mir angehört, und an diese

---

[28] Timm: Die Entdeckung der Currywurst. S. 99.

[29] Vgl. Schede: Interpretationshilfe. S. 6.

[30] Timm: Am Beispiel meines Bruders. S. 6.

[31] Timm: Die Entdeckung der Currywurst. S. 33.

[32] Timm: Die Entdeckung der Currywurst. S. 7.

Typen denke ich auch heute noch." [33]Angeblich soll auch das Vorbild zur Figur der Frau Brücker häufiger in dieser Küche zu Besuch gewesen sein.

Dennoch ist „Die Entdeckung der Currywurst" nicht als Autobiografie zu verstehen, denn, wie Timm feststellt, findet „im Geflecht eines fiktionalen Textes" zwar „eine Verdichtung von Realitätspartikeln"[34] statt, doch es geht ihm nicht um ein getreues Abbild der Wirklichkeit. Nach Timm erzählt der Autor „nicht nur nach, sondern neu und anders, nämlich wie es sein könnte, er erzählt eine andere Wirklichkeit"[35], „die durchaus Gültigkeit haben kann, wenn sie in sich konzis ist"[36]. Dies bezeichnet er als den „wunderbaren Konjunktiv"[37]. Zu der Freiheit des Ich-Erzählers mit der erzählten Geschichte von Frau Brücker umzugehen, kommt nach Steinecke die Freiheit des Autors mit den erlebten Geschichten Timms umzugehen. Sie sei Rohstoff und Ausgangspunkt, der arrangiert, verändert und strukturiert werden könne.[38]

2.3. Motivische, symbolische und intertextuelle Aspekte

Timms „Die Entdeckung der Currywurst" beinhaltet eine Reihe von literarischen Motiven, Dingsymbolen und intertextuellen Verweisen, die die Erzählung kompositorisch zusammenhalten und sich teilweise erst in intensiver Auseinandersetzung mit dem Text entschlüsseln lassen. Die Auswahl dieser Aspekte orientiert sich teilweise an der Schedes.

Betrachten wir zuerst vier wesentliche Motive, wobei wir uns in Erinnerung rufen, dass literarische Motive wiederkehrende Elemente oder Konstellationen der Erzählung sind.

---

[33] http://www.br-online.de/alpha/forum/vor0007/20000707_i.shtml. S. 3.

[34] Timm: Erzählen und kein Ende. S. 72.

[35] Timm: Erzählen und kein Ende. S. 120.

[36] Timm: Erzählen und kein Ende. S. 79.

[37] Timm: Erzählen und kein Ende. S. 79.

[38] Steinecke. Die Entdeckung der Currywurst oder die Madeleine der Alltagsästhetik. S. 222.

Essen und Geschmack:

Frau Brückers Kochkünste durchziehen als Motiv die gesamte Binnenhandlung. Sie kocht mit viel Liebe und Kreativität für Bremer, wobei sie versucht eine Art „*Erinnerungs-Geschmack*"[39] zu erzeugen und eröffnet später sogar einen Imbiss. Auch in der Rahmenhandlung findet sich das Motiv insofern wieder, dass der Besucher Frau Brücker zu jedem Treffen Torte mitbringt und sie einmal gemeinsam einen Imbiss aufsuchen. Diese Genüsse regen die alte Frau Brücker zum Erzählen an und erst nach dem Verzehr einer Currywurst an einer Imbissbude erzählt sie von ihrer „Entdeckung" der Currywurst. Auch der Titel „Die Entdeckung der Currywurst" beinhaltet dieses Motiv.

Der Verlust und die Wiedererlangung des Geschmackssinns Bremers muten, wie Schede feststellt, märchenhaft an. Das geschmackliche Abstumpfen Bremers gegenüber den kulinarischen Genüssen, die Frau Brücker ihm serviert, hänge mit der Verschlechterung der Beziehung zu Frau Brücker zusammen[40]. Wilczek deutet den Verlust des Geschmackssinns als Vorzeichen des bevorstehenden Beziehungsendes, das den langsamen Liebesverlust antizipiere und möglicherweise auch für Bremers Verlust an Vitalität stehe.[41] Frau Brücker berichtet auch von einer Gewichtszunahme und einem Nachlassen seines sexuellen Begehrens. Bremer hingegen interpretiert den Verlust als Strafe für seine Fahnenflucht. Er redet sich ein feige zu sein und hält sich für ein „*Schwein*"[42]. Es wird deutlich, dass seine Selbstachtung unter der Situation erheblich leidet. Frau Brücker, die ihn durch das Verschweigen des Kriegsendes an sich bindet und damit, die ihn marternde Situation verlängert, trifft in diesem Zusammenhang zwar eine gewisse Schuld, doch sie kann es wieder gutmachen, indem sie Bremer Jahre später mit einer Currywurst den Geschmackssinn zurückgibt.

Bremers Gier nach Nachrichten:

Bremers Gier nach Nachrichten wächst ungefähr proportional zu seinem Verlust des Geschmackssinns. Nach Schede steht sie für Bremers wachsende Ungeduld,

---

[39] Timm: Die Entdeckung der Currywurst. S. 35.

[40] Vgl. Schede: Interpretationshilfe. S. 65.

[41] Vgl. Wilczek: Die Entdeckung eines zeitgenössischen Erzählers für die Schule. S. 266.

[42] Vgl. Timm: Die Entdeckung der Currywurst. S. 138.

Frau Brückers Wohnung zu verlassen, zu seiner Familie zurückzukehren und für die nachlassende Intensität der Beziehung zwischen ihm und Frau Brücker.[43] Anhand dieses Motivs wird auch deutlich, wie sich Bremer immer stärker geistig von Frau Brücker distanziert. Die physische Distanzierung findet dann in Folge einer körperlichen Auseinandersetzung wegen Bremers „Radiowunsch" statt. Der Kampf zwischen den Beiden wird in einem einzigen langen Satz geschildert.

> „Da nahm sie ihn von hinten in die Arme, sie wollte ihn besänftigen, beruhigen, aber er schlug nochmals zu, und so versuchte sie, ihn festzuhalten, da schlug er nach hinten, nach ihr, und so presste sie ihm um so fester die Arme an den Leib, so dass sie plötzlich dastanden und miteinander rangen, sie hielt ihn von hinten umklammert, er versuchte sich zu befreien, die Arme freizubekommen, beide wankten, stöhnten, ächzten, aber ohne ein Wort zu sagen, in äußerster Anspannung ihrer Kräfte, er versuchte, den rechten Arm aus ihrem Griff herauszudrehen, vergeblich, sie, die als Mädchen schon einen Ewer mit einem Peekhaken bewegen konnte, presste ihm die Arme an den Leib, presste mit aller Kraft, er ließ sich auf den Boden fallen, riss sie, die nicht losließ, mit, wälzte sich auf den Rücken, auf die Seite, wollte sie wegdrücken, kam mit Schwung auf dem Bauch zu liegen, das Gesicht schrammte über den kratzigen Kokosläufer, weil er den Kopf herum- und hochriss, da spürte sie, wie der Druck seiner Arme nachließ, dieses ruckartige Zerren, er ließ den Kopf auf den Boden fallen, als wolle er schlafen, da ließ sie ihn los, und aus seinem Mund kam ein Aufseufzen, ein langsam leiser werdendes Keuchen."[44]

Diese Szene betrachtet Schede als eine Art „pervertierten Liebesakt", wobei sie angeblich eindringlich darauf verweist, wie gestört die Beziehung zwischen Frau Brücker und Bremer mittlerweile ist.[45] Aus dem „*Spiel* "[46] war, wie Frau Brücker ganz richtig erkannte, „ *blutiger Ernst* "[47] geworden. Nach dieser Szene kommt es auch zu keinem weiteren Beischlaf mehr und das, obwohl das sexuelle Begehren die Grundlage ihrer Beziehung bildete. „*Es war, seit er bei ihr untergekrochen war, das erste Mal, dass sie nicht miteinander schliefen.*"[48]

---

[43] Vgl. Schede: Interpretationshilfe. S. 68.

[44] Timm: Die Entdeckung der Currywurst. S. 130f.

[45] Vgl. Schede: Interpretationshilfe. S. 88.

[46] Timm: Die Entdeckung der Currywurst. S. 131.

[47] Timm: Die Entdeckung der Currywurst. S. 131.

[48] Timm: Die Entdeckung der Currywurst. S. 132.

Die Kreuzworträtsel

Timm äußerte, „Die Entdeckung der Currywurst" sei „wie ein Kreuzworträtsel angelegt"[49] und Bremer löse in seinem Versteck auch Kreuzworträtsel. Diese Struktur eines Kreuzworträtsels lässt sich insofern nachvollziehen, dass bei diesem Rätseltyp die einzelnen Lösungswörter einander überlappen bzw. kreuzen und dies tun die Geschichten, die Frau Brücker erzählt und die Binnen- und die Rahmenhandlung auch. Hätte Frau Brücker Bremer nicht kennengelernt, hätte sie die Currywurst nicht erfunden und hätte sie die Currywurst nicht gekocht, hätte der Erzähler sie nicht aufgesucht, um diese Geschichte zu erfahren.

Interessant sind die Lösungswörter, die der Autor dem Kreuzworträtsel zugedacht hat, denn sie weisen teilweise Parallelen zu den Geschehnissen und Verhältnissen der Erzählung auf. Timm hat einige der Lösungswörter der griechischen Mythologie, insbesondere Homers „Odyssee", entnommen. Lösungswörter im Zusammenhang mit der „Odyssee" sind „Homer", „Kalypso" und „Kirke". Schede sieht zwischen dem Geschehen in der „Odyssee" und der Situation Bremers einige Zusammenhänge: Odysseus und Bremer müssen beide nach Kriegsende eine (im engeren oder weiteren Sinn) längere „Irrfahrt" überstehen, um nach der Trennung durch den Krieg zu ihrer Frau und ihrem Sohn zurück zu gelangen. Beide treffen auf dem Weg nach Hause auf ein weibliches Wesen (in Odysseus Fall Kalypso, in Bremers Frau Brücker), das sie liebt und sie bei sich behalten will. Odysseus begegnet während seiner Irrfahrt auch einer Zauberin namens Kirke, die Odysseus u.a. mittels ihrer Zauberkünste umgarnt und damit Frau Brücker nicht ganz unähnlich ist. Frau Brücker bemüht sich, insbesondere mit Hilfe ihrer Kochkünste, ebenfalls sehr um Bremer.[50] Es fällt auf, dass sowohl beim ersten Treffen Frau Brückers mit Bremer als auch beim ersten Treffen mit dem männlichen Erzähler märchenhafte, fast „magische" Zahlen (Sieben[51], Drei[52]) stehen, die im Text mehrmals wiederholt werden. Möglicherweise sollen sie an Zaubersprüche erinnern, mit denen Frau Brücker, die Männer an sich zu binden versucht. Während sie eine Suppe für Bremer kocht, spricht sie sogar einen vom männlichen Ich-Erzähler so bezeichneten „Zauberspruch"[53]: „Sellerie,

---

[49] Durzak: Werkstattgespräch mit Timm. S. 347.

[50] Vgl. Schede: Interpretationshilfe. S. 71ff.

[51] Timm: Die Entdeckung der Currywurst. S. 15.

[52] Timm: Die Entdeckung der Currywurst. S. 34.

[53] Timm: Die Entdeckung der Currywurst. S. 31.

Sellerie, Sipprisa, sipprisapprisum"[54] Timm stellt denn auch fest, dass das Lösungswort „Kirke" Bremer etwas über sein Schicksal hätte verraten können.[55]

Das Stricken

Das Stricken begleitet alle Treffen Frau Brückers und des Besuchers. Anfangs läuft die Strickarbeit eher nebenher, parallel zur immer komplizierter werdenden Erzählung gewinnt sie jedoch an Bedeutung. Das Strickzeug ist nach Schede eine Art Attribut, das Frau Brücker als Erzählerin kenntlich macht. Außerdem findet Schede zufolge anscheinend ein Spiel mit der ursprünglichen Bedeutung von „Text" statt. Das Wort stamme ursprünglich aus dem Lateinischen von „textus", was übersetzt „Geflecht", „Zusammenhang" bedeute. Das Erzählen stehe somit in enger Beziehung zu dem lateinischen Verb „texere"(=flechten). Unter Schriftstellern gäbe es eine lange Tradition, sich diesen Zusammenhang in ihren Werken zunutze zu machen und literarisch stilisiert zu thematisieren. So wechsle Frau Brücker die Fäden ihrer Erzählung beinahe so oft wie die Fäden ihrer Wolle. Das Stricken werde in Analogie zum Erzählen gesetzt. Es weise daraufhin, dass Frau Brücker für Bremer Schicksal gespielt habe, denn sowohl in der griechischen als auch in der germanischen Mythologie gäbe es den Mythos von den drei Schicksalsgöttinnen (im Griechischen die Moiren, im Germanischen die Nornen). Frau Brücker stelle möglicherweise eine Art Verkörperung dieser Schicksalsgöttinnen dar. Diese Überlegungen Schedes werden vermutlich dadurch motiviert, dass der Text explizit auf die griechische Mythologie referiert. Interessant in diesem Zusammenhang ist nach Schede auch, dass Frau Brücker ihr Augenlicht verloren hat. Möglicherweise handele es sich hierbei um eine bewusste Stilisierung durch den Autor, denn Seher würden fast traditionell als Blinde geschildert.[56]

Kommen wir nun zu den meiner Ansicht nach wichtigsten Dingsymbolen. Symbole sind häufig bildhafte Zeichen, die über sich hinaus auf höhere geistige Zusammenhänge verweisen. Der Begriff Dingsymbol bringt zum Ausdruck, dass es sich bei dem Symbol um einen Gegenstand handelt.

---

[54] Timm: Die Entdeckung der Currywurst. S. 31.

[55] Vgl. Durzak: Werkstattgespräch mit Timm. S. 347.

[56] Schede: Interpretationshilfe. S. 76f.

Die Feldplane:

Dieses an sich militärische Utensil wird, wie Schede meint, während der Geschichte unentwegt zweckentfremdet. Es diene dem Schutz gegen den Regen, unter der Feldplane näherten sich Frau Brücker und Bremer zum ersten Mal und zu guter Letzt nutze Frau Brücker sie zur Ausstattung ihres Arbeitsplatzes. Die kriegerische Ausrüstung werde damit friedlichen Zwecken zugeführt[57], so wie die Liebesgeschichte zwischen Frau Brücker und Bremer nach Saathoff eine „pazifistische Dimension"[58] habe. Wilczek hebt in ähnlichem Zusammenhang die Kontrastierung von Innen- und Außenwelt hervor. Während in der Außenwelt die letzten Kriegshandlungen ausgeführt würden und nach dem Krieg die Zerstörung der Stadt und die Mangelerscheinungen immer stärker ins Bewusstsein träten, verlebten Bremer und Frau Brücker in Frau Brückers Wohnung einige glückliche Tage – bis das Alltagsgeschehen der Außenwelt die beiden einhole. In dieser Zeit des kollektiven Unglücks genössen Bremer und Frau Brücker ihr privates Glück.[59]

Das Reiterabzeichen:

Das Reiterabzeichen stellt das wichtigste Verbindungsglied zwischen Frau Brückers Beziehung mit Bremer und ihrer Erfindung der Currywurst dar und bewährt sich sowohl für Bremer, als auch für Frau Brücker als Glücksbringer. Bemerkenswert daran ist, wie Bremer selber feststellte, dass es sich dabei nicht um ein kriegerisches Abzeichen handelt.

> „Sie [Frau Brücker] wollte nichts hören von Ertrinkenden, Erfrierenden, Verstümmelten, sie wollte, dass er den Kaffee mahle, sie wollte nicht die Geschichte des Narvikschildes hören, sondern nur, wie er an dieses ganz unmilitärische, genau genommen einzig sympathische Abzeichen gekommen sei."[60]

Auch hier wird deutlich, wie Frau Brücker sich in ihr privates, pazifistisches Glück zurückzieht.

Beschäftigen wir uns nun mit den intertextuellen Verweisen. Intertextualität bedeutet, ein Text nimmt auf andere Texte Bezug. In Timms „Die Entdeckung der

---

[57] Vgl. Schede: Interpretationshilfe. S.78ff.

[58] Saathoff: Erfahrungsbericht. S.269.

[59] Wilczek: Die Entdeckung eines zeitgenössischen Erzählers. S. 265f.

[60] Timm: Die Entdeckung der Currywurst. S.29.

Currywurst" tritt Intertextualität in zwei Formen auf: 1. in Bezügen auf fremde Werke, 2. in Bezügen auf eigene Werke.

Widmen wir uns zuerst den Bezügen auf fremde Texte. Schede erwähnt den auffallenden Zusammenhang zwischen Sheherazades Schicksal in „Tausendundeine Nacht" und Frau Brückers Schicksal in Timms „Die Entdeckung der Currywurst". Sheherazade ist zum Tode verurteilt worden und erzählt dem König, der sie gefangen hält, jeden Abend eine Geschichte, in der Hoffnung, dass dieser sie am Leben lässt, um am nächsten Abend den weiteren Verlauf der Geschichte zu erfahren. Möglicherweise gehe es Frau Brücker ähnlich. Sie ist schon sehr alt und sich vermutlich dessen bewusst, dass sie ihrem Lebensende entgegen gehe. So versuche sie erzählend an ihrem Leben festzuhalten.[61]

Ein weiteres bereits erwähntes märchenhaftes Element ist die Zahl Sieben und ihre Wiederholung in „Die Entdeckung der Currywurst". „Siebenmal Torte, siebenmal schwere süßmassive Keile [...], siebenmal brachte ein freundlicher Zivildienstleistender namens Hugo rosafarbene Pillen gegen zu hohen Blutdruck, siebenmal übte ich mich in Geduld [...]."[62] Dasselbe gilt für die Zahl Drei und für den Koch-Zauberspruch, der in dieser Situation an die Sprüche zur Zubereitung eines Zaubertrankes erinnert.

Steinecke verweist im Zusammenhang mit Timms eigener Intertextualität auf „die unterirdischen Vernetzungen in Timms Büchern, die darauf aufmerksam machen, dass er erzählerische Stollen in einen noch nicht kartographierten Wirklichkeitsuntergrund hineinsprengt, Stollen, die sich mitunter berühren, kreuzen oder da vorangetrieben werden, wo das vorangegangene Buch einhielt"[63]. Ein Beispiel für diese eigene Intertextualität wäre die Erwähnung Frau Brückers und ihrer Geschichte in dem zwei Jahre zuvor erschienen Buch „Kopfjäger". Dort führt der Erzähler als Randfigur Frau Brücker ein, „die allein zwei Kinder großziehen musste, weil sie eines Tages ihren Mann vor die Tür gesetzt hatte. Frau Brücker wohnte, wie gesagt, in der obersten Etage, die sie aber nie bei Licht erreichen konnte, was dann einmal dazu beitragen sollte, dass die Currywurst

---

[61] Vgl. Schede: Interpretationshilfe. S. 85f.

[62] Timm: Die Entdeckung der Currywurst. S. 15.

[63] Durzak: Ein Autor der mittleren Generation. S. 20f.

erfunden wurde, denn sie, Frau Brücker, ist die Erfinderin der Currywurst."[64] Auch die Szene aus der Erzählung, in der Frau Brücker ihren Mann vor die Tür setzt, ist im „Kopfjäger" bereits bis in die Einzelheiten beschrieben.

2.4. Historischer Hintergrund

Bedingt durch die Erzählstruktur mit ihrer Binnen- und Rahmenhandlung haben wir es theoretisch mit zwei historischen Hintergründen zu tun. Die Phase, in der und der Ort, an dem sich die Binnenhandlung hauptsächlich abspielt, sind leicht zu benennen: das Jahr 1945 in Hamburg. Bei der Rahmenhandlung lässt sich der Zeitraum der Besuche ungefähr errechnen: das Jahr 1988. Der Ort ist ebenfalls Hamburg. Wichtiger für das Verständnis der Erzählung scheint aber der historische Hintergrund der Binnenhandlung zu sein, wobei ich ein Grundwissen über das Dritte Reich und Deutschland nach 1945 voraussetze und mich vorrangig mit der Regionalgeschichte Hamburgs beschäftigen werde.

Mit dem Angriff Deutschlands auf Polen am 1. September 1939 begann der Zweite Weltkrieg. Vom ersten Kriegstag an war in Deutschland Verdunkelung angeordnet. Die Beleuchtung sollte auf ein Minimum reduziert werden, um feindlichen Flugzeugen keine Orientierungshilfe zu geben. Öffentliche Luftschutzräume wurden eingerichtet, um mehr Sicherheit für die Menschen im Fall von Fliegerangriffen zu bieten. Am 18. Mai 1940 fielen die ersten Bomben auf Hamburg. Von nun an gab es fast jede Nacht Fliegerangriffe vor allem auf Industrie- und Werftanlagen. Am 29. April 1945 fielen die letzten Bomben auf Hamburg. Britische Truppen hatten bereits am Morgen die Elbe überquert. Schon seit dem 20. April wurden die Hamburger Außenbezirke gelegentlich von britischer Artillerie beschossen. Seit diesem Tag hatte in Hamburg Generalmajor Wolz als Kampfkommandant den Oberbefehl. Die Stadt wurde von 20.000 regulären Soldaten (Wehrmacht, Marine und Waffen-SS) und 12.000 Mitgliedern des Volkssturms verteidigt. Wolz war entschlossen, Hamburg nicht mehr sinnlos zu opfern, doch wegen seiner Kapitulationsbereitschaft hätte er jederzeit verhaftet werden können. Am 3. Mai 1945 kapitulierte Hamburg. Am selben Tag besetzte eine britische Panzerdivision die Stadt. Am 8. Mai 1945 endete der Zweite Weltkrieg in Europa mit der bedingungslosen Kapitulation des Deutschen Reichs.

---

[64] Timm: Kopfjäger. S. 49f.

Hamburg war schwer getroffen: Etwa 45.000 Menschen waren bei den Luftangriffen ums Leben gekommen, etwa 70.000 fielen als Soldaten an der Front, über 7.800 Juden wurden ermordet, aus den Reihen, der im Untergrund gegen die Hitler-Diktatur kämpfenden politischen Gruppen (Sozialdemokraten, Kommunisten, Mitglieder der „Weißen Rose") wurden ca. 1.400 Menschen umgebracht. Die Hälfte der Wohnungen war völlig zerstört worden, fast ein Drittel galt als leicht bis schwer beschädigt. Im Stadtgebiet lagen 43 Millionen Kubikmeter Trümmer. Alle Männer von 17 bis 65 Jahren konnten von der Militärregierung zu Aufräumarbeiten geordert werden. In die Stadt drängten Flüchtlinge, ehemalige KZ-Häftlinge, aus der Kriegsgefangenschaft entlassene Soldaten und aus Hamburg während des Kriegs Evakuierte. Die Lebensmittelversorgung war katastrophal. Von der genehmigten Zuteilung zu leben war unmöglich. Im Januar 1948 gab es in Hamburg weder Fleisch noch Fett, noch Milch. Entsprechend wuchsen der schwarze Markt und alle Formen primitiven Tauschhandels. Ähnlich schlecht stand es um die Belieferung mit Brennstoffen, wobei zu berücksichtigen ist, dass die ersten Nachkriegswinter extrem kalt waren. Strom gab es nur stundenweise, weshalb viele Unternehmen reduziert arbeiten mussten, was die Arbeitslosigkeit drastisch erhöhte.[65]

---

[65] Vgl. Klessmann: Die Geschichte der Stadt Hamburg. S. 578ff.

4. Schluss

Meine ersten, noch recht vagen Eindrücke haben sich während der intensiveren Beschäftigung mit dem Buch „Die Entdeckung der Currywurst" bestätigt: Es handelt sich dabei um eine Lektüre, die ich gern in meinem späteren Literaturunterricht zum Einsatz kommen lassen würde, wobei sie eine kritische Würdigung erfahren sollte. Die Arbeit hat insofern eine gewisse Neugierde in mir geweckt, dass ich nun interessiert bin zu erfahren, ob sich meine Ideen zur Umsetzung der Lektüre im Unterricht realisieren ließen und bewähren würden.

Literaturverzeichnis (und weiterführende Literatur)

Durzak, Manfred: Ein Autor der mittleren Generation. S. 13 – 26. In: Archäologie der Wünsche. Studien zum Werk von Uwe Timm. Hg. von Manfred Durzak und Hartmut Steinecke in Zusammenarbeit mit Keith Bullivant. Köln 1995.

Durzak, Manfred: Die Position des Autors. Ein Werkstattgespräch mit Uwe Timm. S. 311 – 354. Archäologie der Wünsche. Studien zum Werk von Uwe Timm. Hg. von Manfred Durzak und Hartmut Steinecke in Zusammenarbeit mit Keith Bullivant. Köln 1995.

Grube, Frank/Richter, Gerhard: Die Schwarzmarktzeit. Deutschland zwischen 1945 und 1948. Einleitung Arno Surminski. Hamburg 1979.

Kammler, Clemens: Gegenwartsliteratur im Unterricht. S. 166 - 176. In: Grundzüge der Literaturdidaktik. Hg. von Klaus-Michael Bogdal/ Hermann Korte. München 2002.

Kesting, Hanjo: Uwe Timm. In: KLG. Kritisches Lexikon zur deutschsprachigen Gegenwartsliteratur. Hg. von Heinz Ludwig Arnold. München (Loseblattsammlung, Stand 1.1.1989).

Klessmann, Eckart: Geschichte der Stadt Hamburg. 7., erweiterte und aktualisierte Neuauflage. Hamburg 1994.

Kreitz, Isabel: Die Entdeckung der Currywurst. Nach einem Roman von Uwe Timm. Hamburg 1996.

Marquardt, Doris: Erzählung, Novelle und Kurzgeschichte im Unterricht. S. 579 – 599. In: Taschenbuch des Deutschunterrichts. Bd. 2: Literaturdidaktik: Klassische Form, Trivialliteratur, Gebrauchstexte. Hg. von Günter Lange, Karl Neumann, Werner Ziesenis. 6., vollständig überarbeitete Auflage. Baltmannsweiler 1998.

Matthiessen, Wilhelm: Umgang mit Texten in der Sekundarstufe II. S. 117 - 141. In: Deutschdidaktik Leitfaden für die Sekundarstufe I und II. Hg. von Michael Kämper-van den Boogaart. 2. Auflage. Berlin 2004.

Niedersächsisches Kultusministerium (Hg.): Rahmenrichtlinien für das Gymnasium gymnasiale Oberstufe. Deutsch. Hannover 1990.

Paefgen, Elisabeth K.: Textnahes Lesen und Rezeptionsdidaktik. S. 190 - 209. In: Deutschdidaktik Leitfaden für die Sekundarstufe I und II. Hg. von Michael Kämper-van den Boogaart. 2. Auflage. Berlin 2004.

Pfeiffer, Joachim: Romane und Erzählungen im Unterricht. S. 191 – 202. In: Grundzüge der Literaturdidaktik. Hg. von Klaus-Michael Bogdal/ Hermann Korte. München 2002.

Saathoff, Olaf: Erfahrungsbericht. „Die Entdeckung der Currywurst" - Eine Unterrichtseinheit in einer Klasse 11. S. 268 – 272. In: Deutschunterricht. Heft 4. Hg. vom Westermann-Verlag. Berlin 2000.

Schede, Hans-Georg: Interpretationshilfe Deutsch. Uwe Timm: Die Entdeckung der Currywurst. Freising 2004.

Schweikle, Günther/Schweikle, Irmgard (Hg.): Metzler-Literatur-Lexikon. Begriffe und Definitionen. 2., überarbeitete Auflage. Stuttgart 1990.

Steinecke, Hartmut: Vorwort. S. 9-12. In: Archäologie der Wünsche. Studien zum Werk von Uwe Timm. Hg. von Manfred Durzak und Hartmut Steinecke in Zusammenarbeit mit Keith Bullivant. Köln 1995.

Steinecke, Hartmut: Die Entdeckung der Currywurst oder die Madeleine der Alltagsästhetik. S. 217 – 230. In: Archäologie der Wünsche. Studien zum Werk von Uwe Timm. Hg. von Manfred Durzak und Hartmut Steinecke in Zusammenarbeit mit Keith Bullivant. Köln 1995.

Spinner, Kaspar H.: Handlungs- und produktionsorientierter Verfahren im Literaturunterricht. S. 174 - 189. In: Deutschdidaktik Leitfaden für die Sekundarstufe I und II. Hg. von Michael Kämper-van den Boogaart. 2. Auflage. Berlin 2004.

Timm, Uwe: Kopfjäger. Bericht aus dem Inneren des Landes. Roman. Köln 1991.

Timm, Uwe: Erzählen und kein Ende. Versuche zu einer Ästhetik des Alltags. Köln 1993.

Timm, Uwe: Am Beispiel meines Bruders. Köln 2003.

Timm, Uwe: Die Entdeckung der Currywurst. Novelle. 8. Auflage. München 2004.

Waldmann, Günter: Produktiver Umgang mit Literatur. S. 488 – 507. In: Taschenbuch des Deutschunterrichts. Bd. 2: Literaturdidaktik: Klassische Form, Trivialliteratur, Gebrauchstexte. Hg. von Günter Lange, Karl Neumann, Werner Ziesenis. 6., vollständig überarbeitete Auflage. Baltmannsweiler 1998.

Wilczek, Reinhard: Die Entdeckung eines zeitgenössischen Erzählers für die Schule. Ausgewählte Prosa Uwe Timms im Unterricht. S. 259 – 267. In: Deutschunterricht. Heft 4. Hg. vom Westermann-Verlag. Berlin 2000.

Internetseiten

http://www.dtv.de/_autorenseiten/timm/bio.cfm 26.11.2004

http://www.dtv.de/_autorenseiten/timm/inhalt.cfm 26.11.2004

http://www.dtv.de/_autorenseiten/timm/personen.cfm 26.11.04

http://www.dtv.de/_autorenseiten/timm/technik.cfm 26.11.04

http://www.dtv.de/_autorenseiten/timm/interpretationen.cfm 26.11.04

http://www.dtv.de/_autorenseiten/timm/symbole.cfm 26.11.04

http://www.br-online.de/alpha/forum/vor0007/20000707_i.shtml 26.11.04

http://www.hagestedt.de/essay/a5Timm.html 26.11.04

Mehr zu diesem Thema finden Sie in „Uwe Timms "Die Entdeckung der Currywurst" - Sachanalyse und didaktische Reflexion" von Constanze Mey, ISBN: 978-3-638-36705-9

http://www.grin.com/de/e-book/37329/